Psicología Oscura

Domina los secretos avanzados de: la guerrilla psicológica, persuasión, PNL oscura, control mental, terapia cognitivo conducta, manipulación y psicología humana

Índice

Introducción

Este libro es ligeramente malvado y semi-sociopático. Las técnicas son malvadas y pueden ser usadas para obtener ventajas sobre otros. Estoy revelando todos los secretos que he usado o aprendido durante mi vida.

No hay nada inherentemente malo en el conocimiento. Puedes usar este conocimiento para defenderte de los demás y también fácilmente usarlo para beneficio personal. Puedes usar esta información para persuadir e influenciar a la gente para propósitos benignos y nefastos.

No es un secreto que nuestro mundo está perdido. Las reglas están diseñadas para mantenerte bajo control, pero puedo mostrarte cómo evitar esas reglas y ver la carrera de ratas como lo que es: un imperio de control cuidadosamente diseñado y mantenido.

Estas técnicas son simplemente herramientas que permiten controlar a las personas, a menudo sin su conocimiento. Otros conocen estas técnicas y las usan contra personas que corren un gran riesgo personal. Usa esta información con precaución o puedes sufrir las consecuencias.

Pero sólo porque te estoy mostrando cómo ser malvado no significa que no podamos mantener las cosas profesionalmente. El mal es sorprendentemente profesional y claro en sus intenciones. Voy directo al grano con consejos prácticos y lo hago fácil de seguir.

Cada capítulo profundiza en un tema. No hay rellenos! Voy directo al grano con ejemplos y consejos prácticos sobre cómo se utilizan estas técnicas.

Capítulo 1: Persuasión

La persuasión es el proceso por el cual las actitudes o el comportamiento de una persona son, sin coacción, influenciadas por la comunicación de otras personas. La actitud y el comportamiento de una persona también se ven afectados por otros factores (por ejemplo, las amenazas verbales, la coacción física o los estados fisiológicos de una persona).

He pasado décadas aprendiendo cómo funciona la naturaleza humana. La forma en que nuestra mente procesa los argumentos y almacena los hechos es fascinante. En ese tiempo, he llegado a algunas conclusiones sobre lo que es y no es persuasivo.

En realidad no importa cuál es el contenido de su mensaje. El objetivo de cualquier interacción no es tener la razón, o incluso probar que la otra persona está equivocada. El verdadero objetivo es convencer a la otra persona de que tu interpretación de los hechos es la correcta.

Conseguir que la gente sirva a tu oscura voluntad es mucho más fácil de lo que parece. Sólo tienes que saber cómo presentar tus opciones de manera que tu plan sea la mejor solución posible para cualquier crisis en la que se encuentren tus víctimas.

Recuerda que hay una diferencia entre la persuasión y la manipulación. Puede parecer pequeña, pero en realidad es un mundo diferente cuando la gente se entera. Hay tres áreas principales en las que la persuasión se convierte en manipulación.

Cómo saber si eres manipulador o persuasivo:

Intención: Si tu intención es engañar a tu víctima, es manipulación. La gente normalmente reacciona mal cuando descubre que está siendo manipulada. Así que cuando intentas convencer a alguien de algo, haz un gran escándalo sobre cómo tu intención es ayudarles.

> **Ejemplo:** "Sólo digo esto ahora para ahorrarte el dolor de descubrirlo más tarde."

Veracidad: Si mientes, es una manipulación. La gente odia que le mientan. Así que siempre que intentes ser persuasivo, asegúrate de incluir suficiente verdad para tener una negación plausible.

> **Ejemplo:** "¿Por qué haría yo algo así? Sabes que odio el frío. Pero Dave siempre habla de que nunca necesita un abrigo".

Impacto: Si no hay un verdadero beneficio para la persona, es una manipulación. Cuando influyes en la gente, querrán culparte si no funciona para su interés. Asegúrate de aprovechar el impacto de los demás para distanciarte de la responsabilidad de las consecuencias negativas de seguir tu consejo.

> **Ejemplo:** "Tu esposa nunca te da espacio, Dan. La esposa de Greg es igual, pero él le mostró quién es el jefe cuando

llegó a casa con un convertible en lugar de una mini-van. Apuesto a que te diría que fueras por el descapotable si estuviera aquí ahora mismo."

Es importante tener en cuenta el panorama general. Pero la gente altamente persuasiva también emplea técnicas específicas para mejorar su capacidad de influir en los demás. Al mejorar cada una de estas áreas, se aumenta la posibilidad de que tus intentos de persuasión funcionen.

Toma posiciones audaces: Las investigaciones muestran que la gente prefiere la arrogancia a la pericia.

El cerebro está diseñado para equiparar la confianza con la habilidad. Incluso ante la evidencia abrumadora, la cantidad correcta de confianza hará que la gente perdone o explique los fracasos anteriores.

La gente prefiere la confianza, tanto que se puede anular casi cualquier opinión experta con poca o ninguna experiencia personal. Añade un poco de entusiasmo y una inquebrantable creencia de que tu posición es la mejor, y realmente aumenta la presión.

Evita declaraciones como "creo" y "pienso". En su lugar, utiliza declaraciones como "La realidad es" y "Lo sé". Pase lo que pase, estar detrás de tus opiniones hace que los demás se cuestionen primero.

Ajustar la velocidad del habla: Los vendedores hablan más rápido que los predicadores y es por una razón.

En situaciones en las que es probable que su público/víctima no esté de acuerdo, hablar más rápido puede mejorar su persuasión. Se aseguran de que no tengan tiempo para sopesar y reaccionar a todo lo que digan. Esto les hace más propensos a seguir su "instinto" y dejarse convencer.

Pero hablar rápido no funciona tan bien si los sujetos están de acuerdo contigo. Hablar más despacio deja que tus palabras se hundan y reafirmen su sesgo mental, pero también te debes asegurar de hablar lo suficientemente rápido para mantener su atención.

Empieza con pequeñas victorias: El acuerdo es acumulativo.

Pensar repetidamente lo mismo fortalece las vías neuronales utilizadas para ese pensamiento y recorta activamente las otras. Esto hace que los patrones de pensamiento sean como surcos en el camino, cuanto más viajes, más fácil será seguirlos.

Esta técnica alcanza su máxima eficacia después de tres o más respuestas similares. Los acuerdos se usan más comúnmente, pero las personas son también igual de susceptibles a las victorias negativas. Así que los persuasores efectivos esperan a revelar su punto principal hasta que obtienen tres o más respuestas seguidas que se alinean con sus intenciones.

> **Ejemplo:** "Amas a tu esposa, ¿verdad? Ella se merece lo mejor, ¿verdad? Harías cualquier cosa para hacerla feliz, ¿verdad? Bueno, unirse a la Legión como un

maniquí de entrenamiento de superhéroes viene con un seguro que cubre la terapia de radiación para tu rara condición médica".

Júra de vez en cuando: Los juramentos muestran la pasión.

Esto no significa que jures en cada oportunidad. Eso sólo te hace parecer vulgar y débil. Pero un juramento oportuno y sincero mostrará a todos que te sientes fuerte sobre el tema.

Además le da un aire de autenticidad a todo lo que estas jurando. Esto puede ser suficiente para disuadir la disensión entre compañeros y subordinados. Esto sólo aumenta ligeramente la aceptación, así que no confíes en ello como la única forma de salir del problema.

> **Ejemplo:** "James, entiendo que este es un tema candente para ti, pero siéntate de una buena vez y escucha lo que tenemos que decir."

Saber cómo la gente procesa la información: Los pastores y científicos ven el mundo de manera diferente.

Tratar de convencer a un científico de que el mundo fue creado por Dios puede ser difícil. Lo contrario también es cierto por la forma en que cada persona ve el mundo e interpreta la información. Yo adapto mis palabras y mi enfoque a la persona que trato de persuadir para obtener el máximo impacto.

Cuando influyo en alguien religioso, uso palabras como "fe" y "plan". Cuando necesito que un científico esté de acuerdo, uso palabras como "evidencia" e "investigación". Escucho las palabras que usa la persona sobre la que intento influir y sigo desde ahí.

> **Ejemplo:** "James, me dijiste que tenías fe en el plan de Dios. No nos habría puesto en la misma habitación sin motivo" o "Sam, no hay pruebas de que James se llevara tu sándwich pero hay migas en su escritorio".

No estoy de acuerdo con algunas cosas: Nadie cree en alguien que sólo está de acuerdo con nosotros.

Compartir un punto de vista opuesto o dos es una parte normal de una conversación honesta y persuasiva. Ninguna propuesta es perfecta y tener una pequeña diferencia me permite mostrar cómo mitigo y supero los problemas. Esto me proporciona una buena voluntad temprana para posteriores desacuerdos que podrían ser mayores.

La gente a la que tengo que convencer comprende que no podemos estar de acuerdo en *todo*. Dándoles algo pequeño y fácil de superar, asumen que cada conflicto será tan fácil de resolver. Esto los hace más fáciles de persuadir porque saben que entiendo y puedo trabajar con sus recelos.

> **Ejemplo:** "Déjame detenerte ahí, Jim. Estoy de acuerdo en que la reducción de impuestos es buena para todos los ciudadanos, pero el 1% superior se beneficia más que el resto de nosotros. ¿Así que vas a seguir dejándoles obtener

los beneficios mientras trabajas aquí en el barro, o vas a unirte a los perros grandes y firmar el documento?"

Sacar conclusiones positivas: Mejora en la influencia de los demás.

Si el objetivo es producir un cambio, concéntrate en alentar y dirigir ese cambio. Le doy a la gente que trato de influenciar la dirección que quiero que tomen. Los hace empezar en el camino que quiero y hace más difícil que discutan conmigo porque su mente ya está preparada.

Se necesita más esfuerzo mental para llegar a una nueva opción que aceptar y seguir con una ya establecida. Llévalos a donde tienen que estar, no a un lugar que tienen que evitar.

> **Ejemplo:** "¿Te gusta caminar, verdad? ¿Quieres ser capaz de llevar a tu hija al altar el día de su boda? Entonces dime la combinación de la caja fuerte y te quedas con las dos rótulas".

Elije el medio adecuado: Algunas cosas son más difíciles en persona.

Hay una gran razón por la que cada trabajo requiere un currículum antes de una entrevista. Las interacciones cara a cara permiten que las emociones nublen las decisiones de una manera que el texto, el video y el audio no lo hacen, así que evito usarlos primero si necesito que la persona a la que estoy influenciando evite ser emocional.

Si puedo elegir, siempre envío un correo electrónico a la gente que no conozco bien antes de conocerla. Especialmente si la reunión es sobre una oferta o sugerencia de negocios. Pero me esfuerzo por ver a los amigos y seres queridos en persona antes de pedirles favores u ofrecerles consejos.

Siempre tener la razón: Toda estructura necesita un esqueleto.

Los argumentos se construyen sobre los fundamentos del lenguaje y la lógica. El encuadre es casi tan importante como la entrega, pero la mejor manera de ser persuasivo, para empezar, es tener el mensaje correcto.

Los persuasores más eficaces se aseguran de que el mensaje se enmarque y se entregue de una manera que importe. Los oradores efectivos son claros, concisos y van al grano. Tienen éxito gracias a datos sólidos, razonamiento y conclusiones irreprochables. Por lo tanto, me aseguro de tener algo que me respalde antes de empezar a influir en alguien.

Capítulo 2: Programación Neuro-Lingüística

La programación neurolingüística (PNL) es un enfoque de la comunicación, el desarrollo personal y la psicoterapia creado por Richard Bandler y John Grinder en California en la década de 1970 que aprovecha el poder del lenguaje para influir en el pensamiento.

La PNL se ha infiltrado en todos los elementos de la vida comercial moderna. *Todos* en ventas o marketing han practicado estos métodos hasta cierto punto, pero los psicoanalistas y líderes ocultos de todo el mundo le dan un mal nombre.

La mayoría de la gente no comprende los principios subyacentes y lucha por aplicarlos en los entornos cotidianos.

Pero algunos individuos hábiles pueden aprovechar este poder para darles una ventaja imbatible. Las técnicas se usan mejor en un ambiente de uno a uno o en un grupo pequeño. Cuanta menos gente participe, más fácil será leer y aplicar los métodos de PNL.

La PNL es un tema complejo y a menudo se enseña a lo largo de los años. Eso se debe a que se necesita práctica para aprender el rango de reacciones que la gente puede expresar. Pero la promesa de aprender los secretos internos de la gente hace que esta técnica sea especialmente atractiva para los estafadores y las fuerzas del orden.

La PNL es básicamente un método de lectura de una persona para entender su personalidad y sus peculiaridades individuales. Los usuarios de la PNL buscan pistas sutiles que son invisibles para la mayoría de la gente y las usan para controlar una conversación y las emociones de las personas. El movimiento de los ojos, el rubor de la piel, la dilatación de las pupilas y los tics nerviosos proporcionan información.

Tras una ronda inicial de observación, los usuarios hábiles pueden imitar a su sujeto de manera sutil pero impactante. El usuario de PNL abre así su objetivo a la sugerencia y lo dirige hacia un destino previsto.

Un usuario hábil de PNL puede determinar:

¿Qué lado del cerebro utiliza su objetivo

La gente cae a lo largo de un espectro entre creativo y analítico. La nueva ciencia muestra que la función cerebral está realmente distribuida a través del cerebro. Pero sigue siendo útil pensar en la gente a través de esta lente.

La elección de palabras, la estructura de las oraciones y las asociaciones revelan detalles sobre la persona que las usa. Comienzo mirando lo que mi objetivo está diciendo y cómo presenta sus puntos, luego ajusto mis palabras para ser más analítico o emocional basado en mi objetivo.

Las personas que usan su cerebro izquierdo a menudo usan palabras que provocan emociones o experiencias. Por el contrario, las personas que usan su cerebro derecho les gusta incluir cosas fuera de su experiencia o pericia.

> **Ejemplo:** Gente que usa su cerebro izquierdo: "Eso parece divertido. Apuesto a que podemos apretarnos!" Gente que

usa su cerebro derecho: "¿Es eso seguro? ¿Está clasificado para alguien de mi tamaño?"

¿Qué sentido es el más importante para ellos

Tenemos más de los cinco sentidos (vista, oído, gusto, tacto y olfato) que la mayoría de la gente conoce. También tenemos un sentido del orden, el equilibrio, la moralidad y muchos otros, y cada uno de nosotros tiene uno o dos que son más importantes que el resto.

Escucho atentamente para definir qué sentido es el más importante para mi objetivo. Luego uso algunas de las mismas palabras que ellos, en mi respuesta.

Ejemplo: Si la visión es importante para mi objetivo, digo cosas como: "¿Ves lo que estoy diciendo?" La gente enfocada en el oído responde mejor al "¿Puedes oír de dónde vengo?" Mientras tanto, podría pedirle a un individuo orientado al gusto que "saboree eso por un momento".

Cómo tu cerebro almacena información.

Nuestros cerebros son las computadoras más complejas que hemos encontrado. Almacenan y procesan miles de millones de bits de información por segundo. Cada uno funciona de forma un poco diferente. Una de las mayores áreas de divergencia está en cómo la gente almacena la información.

Algunos individuos tienen una memoria como una esponja, absorbiendo todo lo que está cerca de ellos. Otros son más como un colador que atrapa grandes trozos y permite que todo pase. Las técnicas de PNL ayudan a la gente a discernir la diferencia y hasta qué punto.

Con el tiempo, los usuarios de PNL mejoran en el seguimiento de la información. Con el tiempo, los usuarios pueden mejorar sus habilidades de rastreo de información hasta niveles cercanos a los de un genio. Esto nos da una ventaja sobre cualquiera que no tenga tanta experiencia o talento natural.

Utilizo esta información para determinar cuánto necesito saber para abrumar a mi objetivo. Si quiero perderlo en los detalles, simplemente incluyo más de lo que pueden mantener. Si quiero que me sigan, mantengo los detalles y las cifras al mínimo.

Ejemplo: Ocasionalmente recuerdo algo malo a propósito. Es mejor con algo pequeño como un número de teléfono o una dirección. Si mi objetivo me corrige, puedo ver lo bien que almacenan la información. La persona promedio sólo puede tener siete números en la cabeza a la vez, así que normalmente sólo me lleva pedirles que recuerden dos números de teléfono para ver dónde terminan a lo largo del espectro.

Cuando están mintiendo o inventando cosas.

Las personas realizan comportamientos específicos cuando inventan cosas llamadas "cuentos". Los usuarios de PNL como yo podemos captar estos relatos y ser capaces de llamar al mentiroso mientras miente. Algunas personas son mejores que otras para mentir, pero todos tienden a hacerlo al menos una vez.

Los mentirosos hábiles entienden que para que alguien más crea su mentira, ellos también deben hacerlo. Así que se convencen a sí mismos de ello primero. A menudo no muestran todos los signos de deshonestidad porque realmente creen la mentira mientras la dicen.

La práctica puede ayudar a la gente a caer en su propia mentira, pero el proceso exige una memoria selectiva. Esta característica se detecta con mayor fiabilidad que la mirada ligeramente descendente que se cita a menudo. También demuestra ser un indicador más consistente de engaño arraigado que las miradas torpes. Los desequilibrios de poder también hacen que la negativa a hacer contacto visual sea menos fiable.

> **Ejemplo:** Cuando mi mejor amigo (llamémosle Ted) no me mira a los ojos mientras cuenta su historia. Sigue mirando hacia abajo y a un lado de mí, y luego al otro. Otra persona (llamémosle Fred) cuenta su historia sin apartar la vista en absoluto.
>
> Cuando Ted mira hacia otro lado, sospecho, pero la negativa de Fred a mirar

hacia otro lado también es una bandera roja. Si son objetivos, les doy un respiro. Mientras no cambien su comportamiento a mitad de la historia puedo atribuir parte de ello al simple nerviosismo.

Cómo hacer que alguien baje la guardia.

Los usuarios de PNL como yo utilizamos estas técnicas para convencer a los demás de que soy como ellos. La gente no puede evitar que le guste alguien a quien reconocen como un espíritu afín. Así que combino las técnicas anteriores para resaltar nuestras similitudes.

Cuanto más nos parecemos, más le gusto al sujeto. Así que escucho atentamente lo que dicen. Luego les respondo con las señales que sé que apelan a su interior. Esto anima a mis sujetos a revelarme más sobre ellos mismos de buena gana.

Cuando a alguien le gustas, quieren incluirte en sus vidas. Escuchar lo que dicen a menudo proporciona una profunda comprensión de lo que controla sus vidas. La gente ofrece sus secretos más oscuros de buena gana, creyendo que realmente los entiendo.

Por lo tanto, puedes condicionar a la gente sin su consentimiento/conocimiento.

Afrontémoslo, a la gente no le gusta descubrir que alguien los estaba manipulando. Viola la idea de que tenemos el control de nuestras vidas. Pero a veces la verdad es difícil de aceptar, y necesitamos que alguien nos ayude a ver el camino sin llamarnos.

Todos manipulamos a los que nos rodean en un grado u otro. Esto puede ser tan simple como romper un mal hábito o establecer nuevas reglas de relación con un miembro tóxico de la familia. Dirigiéndolos en la dirección correcta, podemos ayudarlos a responder como preferimos.

La PNL no le lava el cerebro a alguien (que está cubierto en otro lugar) ni hace que haga algo fuera de lo normal. Pero sí revela las cuerdas que controlan a cada uno de nosotros. Lo que hagas con esas cuerdas una vez que las tengas depende de ti.

Una vez que los objetivos son abiertos y receptivos, presento mi petición en los términos que ellos prefieran. Utilizo palabras de acción fuertes con los líderes, palabras reconfortantes y amables con los objetivos emocionalmente sensibles, y palabras comunes con los menos educados. Hago todo lo que está en mi poder para parecer similar a mi sujeto en pensamiento y acción. Esto asegura que sean los más receptivos a mis deseos y me evita tener que dar órdenes y ultimátums.

> **Ejemplo:** Cuando necesito un favor, nunca lo pido en la puerta. En lugar de eso, empiezo por crear una relación. Me aseguro de que mi lenguaje corporal sea abierto y adapto mis preguntas y respuestas a la persona que trato de influenciar.

Capítulo 3: Terapia Cognitiva Conductual

La terapia cognitivo-conductual (TCC) es un tipo de tratamiento psicoterapéutico que ayuda a los pacientes a comprender los pensamientos y sentimientos que influyen en los comportamientos. La TCC se usa comúnmente para tratar una amplia gama de trastornos, incluyendo fobias, adicciones, depresión y ansiedad, pero también puede estimularlos.

Hay indicios claros de que la mayoría de las fobias se desarrollan en la primera infancia. A medida que las personas se convierten en adolescentes y luego en adultos, es menos probable que desarrollen nuevas fobias. Alrededor de los 30-35, la mayoría de las personas dejan de desarrollar nuevos miedos.

Los niños pueden desarrollar fácilmente las mismas fobias que sus padres si se vuelven progresivamente más conscientes de ello. Estas fobias son las más difíciles de superar durante la vida adulta. Una vez que me doy cuenta de sus fobias específicas, puedo usar ese conocimiento para controlar y manipular a la gente.

Pero no todos los miedos y fobias son iguales. Algunos son simples y elementales mientras que otros son esotéricos y de múltiples capas. Saber cómo inducir o reprimir estos miedos me permite controlarme a mí mismo y a los demás.

Causas de las fobias simples: Las fobias simples son miedos específicos que a menudo se desarrollan en la primera etapa de la infancia entre los 4 y 8 años de edad. Las experiencias traumáticas y desagradables pueden plantar una semilla de miedo. Si esa semilla se nutre durante un tiempo suficiente, con el tiempo se convertirá en una fobia.

Los experimentos muestran que hay poco o ningún elemento genético en las fobias. Los padres no pueden transmitir los miedos de la misma manera que transmiten el color del pelo, pero una fobia puede aprenderse de un padre a medida que el niño crece.

Ejemplo: Si uno de los padres tiene aracnofobia (el miedo a las arañas) cuando su hijo nace, es más probable que su hijo desarrolle la misma o similar fobia. El comportamiento de los padres puede transmitir el miedo porque el niño es hiperconsciente de que está creciendo.

Causas de fobias complejas: A diferencia de las versiones simples, las fobias complejas son complicadas y están envueltas en misterio y ambigüedad. Estas fobias se crean combinando experiencias de vida, química cerebral y genética. Las situaciones estresantes son un instigador más común de fobias sociales que los problemas fisiológicos como la agorafobia.

Las fobias complejas son parte de nuestra historia evolutiva. Los instintos que hacen que alguien se obsesione con su perfil en las redes sociales son los mismos que mantienen unida a una pequeña tribu durante una hambruna. Evitar los espacios abiertos puede disminuir el riesgo de peligrosos depredadores como los leones en el pasado. También puede llevar a alguien a sentirse más seguro en el interior que en el exterior.

También hay un elemento bioquímico en las fobias complejas. La neurociencia nos muestra que la gente usa todo su cerebro, no sólo el 10% como las películas siempre afirman. Pero las funciones del pensamiento se extienden a través de diferentes estructuras.

Los recuerdos se procesan en un área diferente del cerebro que la parte que controla la digestión y el ritmo cardíaco. La amígdala es una de las partes más antiguas del cerebro y pasa por alto todas las estructuras lógicas controlando nuestros reflejos de lucha o huida entre otras funciones. Puede ser activada químicamente para reforzar una emoción específica (más a menudo el miedo) con cualquier estímulo que esté presente.

Esto significa que puedes reemplazar efectivamente una emoción conectada a un recuerdo o persona con otra. Debido a que la parte que almacena la información sobre eventos peligrosos y amenazas mortales puede ser activada con cualquier recuerdo, es fácil inducir una fobia si no te importa el objetivo.

Si quiero un objetivo que le tenga miedo a los conejos, hacer disparar repetidamente su amígdala alrededor de los conejos eventualmente inducirá una fobia a los conejos. Puedo usar la misma técnica para causar una fobia a los teléfonos, actos sexuales y casi cualquier otra cosa. Esta es una técnica común usada en la terapia de conversión debido a su efectividad en un ambiente controlado. Pero tiene algunos inconvenientes.

Los efectos pueden revertirse con métodos similares que demuestren que no hay nada que temer. El refuerzo negativo es más efectivo, aunque normalmente toma más tiempo recuperarse de la fobia inducida que lo que tomó inculcarla.

> **Ejemplo:** Asegurándome de que el dolor viene cada vez que un sujeto ve un símbolo específico, puedo disparar la amígdala de mi objetivo. Una vez que se establece la asociación, poner el símbolo en una puerta asegurará que eviten

acercarse a ella a menos que se les obligue a hacerlo. Creando la fobia simple de un símbolo, puedo establecer una fobia compleja a lugares o personas específicas.

Causas de la adicción

La adicción a las drogas ha plagado la civilización desde que tenemos registros. Pero también es un factor importante en el compromiso del comportamiento cognitivo. La exposición prolongada a ciertas sustancias produce un deseo, búsqueda y uso compulsivo que persiste ante las graves consecuencias.

La drogadicción funciona estimulando las vías de recompensa del cerebro situadas en el núcleo accumbens y la corteza prefrontal. Estas vías procesan el placer y son fáciles de dañar. Algunas drogas interactúan con estas vías de manera que se prestan a la manipulación.

Cuando la cocaína se fuma, se esnifa o se inyecta, viaja a través del torrente sanguíneo hasta el cerebro. Aunque golpea todo el cerebro, interactúa principalmente con las vías de recompensa para crear un efecto eufórico. Este efecto proviene de los neurotransmisores que se liberan, como la dopamine, más rápido de lo normal.

Desafortunadamente para los usuarios de larga data, los neurotransmisores como la dopamina se producen a una tasa fija. Así que se necesita progresivamente más, para producir el mismo efecto. Esto se llama resistencia a la droga y es uno de los mayores contribuyentes a las sobredosis cuando las personas la usan la primera vez.

Los traficantes de drogas llegan al poder asegurándose como la única fuente de los productos químicos que sus clientes/víctimas demandan. Aprovechan la dependencia química creada por sustancias como la cocaína y la metanfetamina para controlar a sus súbditos y extraer todo el valor que puedan. Las amenazas a su suministro a menudo resultan en adictos que recurren a un comportamiento desesperado.

Ten cuidado cuando dependas de la adicción para controlar el comportamiento cognitivo. Los sujetos están en deuda con su adicción primero, tu voluntad segundo. Tan pronto como tu objetivo encuentre una fuente alternativa, es probable que cambien de lealtad si no tienen otras razones para seguir siendo leales.

> **Ejemplo:** Si quiero controlar a un adicto, primero debo controlar su suministro. Las drogas, el alcohol, el juego y la adicción al sexo funcionan de manera similar. Una vez que tengo el control, puedo reducir su acceso cuando no hacen lo que quiero y aumentarlo cuando lo hacen. Cuanto más tiempo mantenga su dependencia, más fuerte será su necesidad y más confiable será mi control.

Beneficio de la adicción

Tanto si las usas como si no, las drogas ilegales son un gran negocio. Los americanos gastan casi un trillón de dólares en drogas ilegales cada año. Con tanto dinero circulando, la mayoría de los mercados de drogas están inundados de competencia.

Además de tener mucha competencia, la mayoría de los consumidores de drogas tienen acceso a productos de gran potencia. La ciencia detrás de las drogas ha determinado como el ácido, la heroína y la cocaína tienen la misma calidad como product y los competidores lo saben. Incluso las drogas con una amplia gama de formas crudas (como la marihuana) son fácilmente refinadas a una concentración dada.

Así que los intrépidos capitalistas necesitan hacer algo para destacarse de todos los demás traficantes de drogas. Los cárteles tienen que encontrar formas novedosas de anunciar sus productos si quieren salir adelante. En efecto, ganar dinero traficando con drogas se basa en la publicidad.

Siempre estarán los duros de matar que consumirán todo lo que se cruce en su camino. Pero una campaña de marketing inteligente o un truco puede hacer o deshacer una venta espontánea. Pero no todas las tácticas de marketing son creadas de la misma manera.

Hay un verdadero arte en la creación de un marketing convincente, pero una vez que descubres lo que funciona, el cielo es el límite. He reunido algunos ejemplos reales de trucos de marketing que ayudaron a los comerciantes a destacarse y obtener beneficios.

Kit de supervivencia de drogas: Los festivales de música y otros grandes eventos son un lugar privilegiado para la venta y el consumo de drogas. Muchos de los asistentes a los festivales luchan por encontrar todos los suministros que necesitan y están dispuestos a pagar una prima por un kit todo incluido.

Las diferentes drogas tienen una parafernalia única necesaria para su consumo. Todo ese equipo necesita ser llevado también. Pero también tiene que ser lo suficientemente discreto para pasar las inspecciones de seguridad y las inspecciones policiales.

Cuanto más compactos y discretos sean estos kits, mejor. No necesitan tener mucho de la droga real, tampoco. Incluyen una dosis pequeña o mediana de cualquier sustancia elegida para limitar el tiempo que le toma a alguien volver por más.

Ejemplo: Un equipo de supervivencia para drogas de marihuana incluye lo siguiente: un encendedor u otras fuentes de llama; una pipa de vidrio, papeles para enrollar o un bolígrafo de vapeo; alrededor de un gramo de marihuana; y un recipiente para guardarla toda. Añadir cosas como chicle, una botella de agua y caramelos de menta para el aliento son formas rentables de atraer a la gente a que vaya por el kit.

Nombre de la marca: Las marcas dan autoridad a los productos y servicios que respaldan. La gente a menudo preferirá un artículo con una marca familiar a uno nuevo, incluso si son el mismo producto. Aprovechar la asociación de una persona permite a los anunciantes de cualquier producto crear un sesgo cognitivo a favor de su oferta.

Estamos condicionados a asociar ciertas marcas e imágenes con sentimientos o emociones y a repeler otras. Esto hace que sea importante pensar en qué marcas ya compra el cliente.

Cuanto más familiar sea la marca, más inclinado está el sujeto a elegirla siendo todo lo demás lo mismo.

Marcas como Chanel, Armani y Mercedes atraen a una población diferente a la de Winchester, Smith & Wesson y Glock. Hay cierta superposición de marcas en los nichos de población, pero si el objetivo no es un miembro de ellos, puede repelerlos en lugar de atraerlos. Asegúrate de ajustar la marca al objetivo y al lugar para obtener los mejores resultados.

> **Ejemplo:** Si quiero vender un producto a una mujer en un club, podría etiquetarlo con Chanel, pero si se lo vendo a un hombre que se prepara para la temporada de caza, podría pintar el contenedor con camuflaje de Realtree. En ambos casos puedo cobrar una prima sin cambiar la calidad del producto.

Compre dos y llévese uno gratis: Los productos de mayor calidad a menudo se salen con la suya con precios más altos. La gente espera pagar más cuando recibe más. A menudo pagaremos más del mínimo si pensamos que es un valor mejor.

Al ofrecer una recompensa después de alcanzar un cierto límite, animo a la gente a que al menos llegue a ese límite. Si lo estructuro correctamente, puedo compensar el costo de la promoción con el aumento del precio. El incentivo hace que la gente sienta que está obteniendo un mejor trato cuando cada persona realmente gasta más dinero en general.

> **Ejemplo:** Puedo hacer que alguien tema que se está perdiendo ofreciendo un mejor trato una vez que llegue a algún marcador adicional. Como todo el mundo quiere el mejor trato posible, es mucho más probable que intenten alcanzar ese nuevo objetivo para no perderse el mejor trato. Al final del día, ellos consiguen más de lo que necesitaban/querían y yo consigo más dinero en mi bolsillo que si sólo hubiera vendido uno.

Ofrece un arco iris: Nos encanta sentirnos individuales y poder mostrar a los demás lo únicos que somos. Es una parte fundamental para establecer y mantener una identidad. Tiene sentido que gravitemos hacia actividades y artículos que reflejen las mejores partes de nosotros mismos.

La gente anhela la habilidad de sobresalir. Al ofrecer múltiples opciones, cambia su enfoque de preguntar "si deben comprar" a "qué comprar". Aunque no hay ninguna diferencia en el producto real, la diferencia percibida hace que se destaque y se venda mejor.

Existen demasiadas opciones. Tener demasiadas opciones lleva a la parálisis de la decisión mientras la mente lucha por resolverlas, así que mantén el número de opciones por debajo de siete para asegurar el máximo rendimiento.

> **Ejemplo:** Si quiero causar una impresión en un desfile del Orgullo o un evento similar, ofrezco opciones de diferentes colores del mismo artículo. Incluyo todo el espectro y a la gente le encanta poder elegir su color favorito de cualquier cosa que venda. Las versiones "personalizadas"

casi siempre se venden más rápido que los bienes y servicios "genéricos".

Capítulo 4: Manipulación social

La manipulación social se produce cuando las emociones, opiniones o comportamientos de una persona se ven afectados por otros. La influencia social toma muchas formas y puede verse en la conformidad, la socialización, la presión de los compañeros, la obediencia, el liderazgo, la persuasión, las ventas y el marketing.

No podemos tener una conversación sobre la manipulación social sin hablar de Stanley Milgram y sus experimentos. Eso es porque las técnicas que el Sr. Milgram usó son brutalmente efectivas y repetibles. También tienen implicaciones aterradoras sobre la autoridad y los actos de maldad.

El experimento Milgram

Pregunta principal: ¿Hasta dónde llegará alguien para obedecer a una figura de autoridad, incluso cuando se le ordene actuar en contra de su conciencia moral?

Métodos: Se pidió a los voluntarios que "enseñaran" a otras personas a mejorar su capacidad de recordar. Un hombre con bata blanca que se hacía pasar por médico pidió al maestro voluntario que le hiciera preguntas a un "aprendiz" en otra habitación a corta distancia. Si el alumno respondía incorrectamente, se le pedía al profesor que le diera una descarga eléctrica.

La idea era que por cada respuesta incorrecta, el shock les enseñaría a no responder incorrectamente. Después de cada error, el doctor ordenó al profesor que aumentara el voltaje entregado al alumno. El panel de control presentado al profesor incluía ajustes en incrementos de 10 voltios hasta un numero letal de 450 voltios.

Si un profesor protestaba y pedía que se detuviera, el doctor le respondía: "El experimento debe continuar". Cualquier protesta o pregunta de los profesores sería respondida con las mismas palabras. A los médicos no se les permitía coaccionar y se les prohibía estrictamente obligarles a hacer nada.

Un actor hacía de aprendiz en la otra habitación y gritaba, lloraba, suplicaba y rogaba al profesor que parara antes de callarse finalmente. Es importante que el profesor no vea al aprendiz durante el experimento o la tasa de éxito bajaba. Los alumnos pueden gritar y suplicar todo lo que quieran.

Resultados: En un ejemplo, cerca del 90% de los profesores dieron un choque mortal antes de parar. Sólo alrededor del 1% de la población estaba dispuesto a llegar al máximo choque sin coacción. Pero a pesar de que los maestros expresaron sus protestas al doctor, continuaron realizando la prueba. A menudo los profesores continuaron dando choques fatales mucho después de que el alumno dejara de responder a las indicaciones.

Aunque tener una forma de autoridad es un gran contribuyente al éxito de la manipulación social, no es infalible. Tienes que aprovechar esa autoridad adecuadamente para producir los mejores resultados. Hay doce estrategias para llevar a cabo esta tarea en un mínimo de tiempo.

Sembrar las semillas del miedo

El miedo es una de las emociones más poderosas. Capta nuestra atención como ninguna otra cosa, amenazando todo lo que apreciamos. Nos obliga a centrarnos en él y cierra nuestro pensamiento superior.

No importa que la violencia esté en declive a nivel mundial durante siglos. Es fácil fabricar situaciones que hagan parecer que la violencia extrema es la norma. Sólo hay que afinar en las aterradoras pero estadísticas rarezas.

Los ataques terroristas y los tiroteos en masa pueden ser raros comparados con los rayos y los asesinatos de la policía, pero son lo suficientemente aterradores como para apagar nuestras habilidades de pensamiento creativo y obligarnos a centrarnos en defendernos. Esto se traduce fácilmente en miedo a cualquier chivo expiatorio que sea conveniente.

> **Ejemplo:** Las principales cadenas de noticias entienden el poder del miedo. Ofrecen una cobertura de 24 horas de todas las cosas que van mal en el mundo. Ofrecen una visión distorsionada porque dan prioridad a un contenido que produce una fuerte reacción emocional a una representación exacta de los hechos.

Provocar la ira y la hostilidad

Muchas criaturas responden naturalmente al miedo con ira y agresión. Cuando eres un ratón acorralado por un gato, tiene sentido ir a la ofensiva. En tales situaciones, el riesgo de morir es superado por la posibilidad de escapar. Esta dicotomía se conoce a menudo como la respuesta de lucha o huida.

Hay muchas veces en las que nuestro miedo está justificado, pero podemos establecer falsas dicotomías en nuestra vida diaria que nos hacen sentir como un ratón atrapado cuando en realidad no lo somos. Los medios de comunicación hacen su pan y mantequilla al establecer y jugar con cualquier amenaza que puedan.

Cuanto más grande y complejo es el tema, más ira y hostilidad genera. Ofrecer una solución simple puede que nunca arregle el problema, pero la mayoría de la gente prefiere hacer algo, aunque empeore las cosas. Si exacerba la situación, es fácil culpar del aumento de la tensión al complejo e intratable problema.

> **Ejemplo:** Provocar hostilidad y rabia es una cuestión sencilla cuando sabes a qué le teme la gente. Por eso los políticos son tan buenos para avivar el fervor de sus partidarios. Identifican los miedos de sus electores, culpan a los chivos expiatorios y ofrecen respuestas simples a soluciones intratables.

Juega una figura de Mesías

Ha habido mucha gente que ha afirmado ser la única persona que puede hacer lo que hay que hacer. Estas personas son casi siempre dominantes y de fuerte voluntad. Ofrecen dominación y no se lo piensan dos veces antes de hacer afirmaciones poco realistas.

La mejor manera de convertirse en un mesías es aprovechando la vida después de la muerte. Sin embargo, esto no siempre significa religión. Muchos dictadores se presentan como la única persona capaz de traer de vuelta una mítica edad de oro.

Esta estrategia aprovecha la nostalgia y la seguridad totalitaria para aliviar el miedo social. Se basa en la promesa de mejores cosas por venir para justificar lo que el Gran Líder desea. Esto lo hace más efectivo con las poblaciones conservadoras que con las liberales.

> **Ejemplo:** Para ganar el control sobre un grupo, yo diría que soy la única persona que puede "hacer que las cosas vuelvan a ser geniales". Me posiciono como la única autoridad dispuesta a hacer lo que hay que hacer. Esto obliga a cualquiera del

grupo a guardar silencio sobre los temas en los que puedan estar en desacuerdo. El silencio actúa como una forma de consentimiento de facto, que impide a los demás hablar, por temor a ser el único en ir contra el Gran Líder.

Pinta en blanco y negro

El mundo es sumamente complejo y hay muchas maneras de lograr cualquier objetivo. Pero esta idea no hace que la gente se sienta muy segura, así que tenemos la tendencia a intentar simplificar las cosas.

Simplificar problemas complejos normalmente no es un problema. Pero cuando todas las posibles respuestas se reducen a dos opciones, puede crear un falso y engañoso dilema. Esta visión distorsionada de las cosas hace que sea fácil justificar todo tipo de mal comportamiento.

Reducir el mundo a narraciones en blanco y negro apela a nuestro deseo de resoluciones simples y limpias a problemas complejos y desordenados. Se vuelve más efectivo cuando estamos al borde de la catástrofe. Cuando la gente tiene miedo y está enojada, a menudo acepta estas simplificaciones excesivas y promesas seductoras pero vacías.

Ejemplo: Cuando quiero polarizar un grupo, introduzco una mentalidad "con nosotros o contra de nosotros". Haciendo de cada tema un debate de todo o nada, obligo a mis oponentes a luchar por todo lo que represento, incluso si no están en desacuerdo en todo. La gente o me cree y apoya todo lo que defiendo o es vista como una amenaza que intenta socavar a mis seguidores.

Desviar con humor

Siempre existe la posibilidad de que un enemigo pueda sacar lo mejor de ti, pero dejar que la gente vea eso puede arruinar cualquier intento de establecerse como un hombre fuerte o un mesías. Un método para ocultar un papel de aluminio obvio es desviar el golpe con un humor cortante.

La risa interrumpe los patrones tradicionales del habla. Es difícil permanecer enojado con alguien que te hace reír incontrolablemente. Un chiste bien calculado te hace reír y ser más receptivo a lo que se diga.

> **Ejemplo:** Cuando me doy cuenta de que estoy perdiendo el control de una situación, un toque de humor puede hacerme volver al asiento del conductor. Si mi oponente se centra en mis pequeños seguidores, a menudo puedo apagarlos instantáneamente haciendo una broma sobre cuán pocas personas los siguen. Si lo hago correctamente, descarrilo su ataque y los pongo a la defensiva.

Ser superior a los opositores

Cuanto más respeto se muestra a los oponentes, más poderosos parecen. Responder con incredulidad y disgusto informa a todos que no creo que el tema o la crítica sea digno de mi tiempo. También presiona a la persona que realiza el ataque para mostrar por qué necesito tomarlo en serio.

Esto puede evitar todo tipo de discusión racional y producir una victoria a pesar de las afirmaciones condenatorias de mi oponente. Les hace parecer confusos e inseguros cuando su principal punto de discusión es descartado como una broma tonta. Entonces necesitan tomarse tiempo y energía para mostrar por qué su punto es válido en lugar de continuar su ataque.

> **Ejemplo:** Si quiero despedir a un crítico, trato sus preguntas y afirmaciones con incredulidad y asco. Hago todo lo posible para mostrar que el ataque es ridículo, risible, y ni siquiera digno de atención. Adapto mis respuestas para mostrar lo tonto que es la crítica y pido perspectivas "reales" o "adultas".

Hazlo sobre ti mismo

Ya sea haciendo bromas o actuando como superior, siempre intento aparecer como el líder de un juego que otros simplemente juegan. Esto se logra enmarcando cada interacción como si yo fuera el mejor que hay. Pero se necesita un marco fuerte e inquebrantable para creerlo realmente.

Permanecer en el centro de cualquier debate es esencial para manipular a la multitud. Necesitas que se preocupen por tus pensamientos y opiniones, no por las de un oponente. Una vez que tu marco esté establecido, asegúrate de que los demás no puedan desafiarlo directamente.

La combinación de juegos de poder con algunas de las otras tácticas como provocar la ira y presentarme como lo mejor es una combinación difícil de contrarrestar. Cuantos más elementos manipuladores pueda combinar, más intocable, férreo y valiente apareceré.

> **Ejemplo:** Cuando doy un discurso, lo hago con un poco de miedo, avivando las llamas de la ira hacia un problema intratable y aguantando la tormenta con un poco de humor. Luego, cuando la multitud está apropiadamente irritada, les digo cómo puedo ayudarles a superar el Gran Problema Malo que controla su vida. Les explico cómo mi experiencia y mi comprensión innata me ayuda a encontrar soluciones a los problemas. A lo largo de todo esto, me aseguro de que mis

temas de conversación y yo permanezcamos centrados.

Crear situaciones de doble vínculo

Otra táctica que mejora el control del cuadro es atrapar al oponente en una situación en la que no importa cómo responda. Hago preguntas y declaraciones que ponen a los demás en una situación de pérdida. Cualquier respuesta me hace ver mejor y los hace ver peor.

El objetivo de este método es desacreditar y aplastar a los oponentes. Si aceptan el desafío, parece que simplemente están reaccionando a tus golpes. Pero si no hacen nada, parecen débiles y asustados.

> **Ejemplo:** En un debate, podría decir: "Veo que mi oponente está tratando de construir su energía, pero no funciona". Si aumentan la energía, parece que tengo el control, pero mantener o disminuir su energía los prepara para ser aplastados más tarde en el debate.

Repite, repite, repite

Nuestros cerebros están conectados para reconocer patrones y darles significado. Cuantas más veces veamos u oigamos algo, más probable es que creamos que es verdad. Si nada a nuestro alrededor contradice el patrón, entonces esto es aún más cierto.

Encontramos comodidad en los patrones y conjuntos completos, tanto que a menudo nos vemos obligados a completar los patrones conocidos. Así que las empresas y las personas establecen patrones de comportamiento y pensamiento que se aprovechan de este principio.

Se necesita mucha repetición para que algo se te quede grabado en la mente. Esa es una razón por la que las empresas invierten miles de millones de dólares en anuncios para ganar tus dólares. Ellos entienden que escuchar algo suficientes veces hará que empieces a creerlo, incluso si sabes que es una mentira.

La repetición de palabras emocionalmente provocativas como "ganar" o frases cortas y repetitivas les ayuda a hundirse en los oyentes.

Esta táctica condiciona sutilmente a la gente a asociar la palabra y el tema por la frecuencia con que aparecen juntos. Los jingles de las compañías y las campañas publicitarias aprovechan este fenómeno para vender más productos o convencerte de comprar cosas que no necesitas.

Ejemplo: Los productores de leche lograron aumentar significativamente las ventas de leche con su campaña "Got Milk? Las empresas discográficas y políticas también aprovechan la repetición para fomentar el consumo de sus medios. Las empresas de comida rápida también utilizan jingles pegadizos a través de las plataformas mediáticas para abrumar a los oyentes y obtener "Likes", "Quiero que me devuelvan a mi bebé, bebé" y "¿Cuántos lametones se necesitan?" pegados en tu cabeza décadas después de que la campaña termine.

Usar la prueba social

Los humanos son criaturas sociales con ciertas tendencias perversas. Una de ellas es que tendemos a hacer y creer lo que creemos que todos los demás hacen. Es por eso que los manipuladores sociales efectivos siempre parecen tener la espalda de la mayoría.

Pero eso no significa que la mayoría los apoye. La prueba social es fácil de fabricar con una pequeña minoría y el estudio o encuesta adecuados. Pero mientras exista la percepción de apoyo, es difícil de argumentar.

> **Ejemplo:** "Nadie cree que seas un candidato serio, Bill. De hecho, las últimas encuestas muestran que voy ganando por dos dígitos. Todo el mundo puede decir que tu barco se ha hundido".

Apelación a la autoridad

En nuestra época moderna, hay demasiada información para que la gente normal la procese. Están inundados de ideas y hechos que compiten entre sí desde todos los ángulos, por lo que todos tienden a utilizar los aportes de los expertos para formar sus opiniones.

Aunque los expertos no tienen que estar altamente cualificados. Sólo necesitan el manto de autoridad que se les ha puesto. Esta autoridad puede ser cualquier cosa, desde un título como Cirujano Cerebral hasta encabezar una facción como Presidente de la WWO.

Esto significa que los individuos de alto rango crean una mayor probabilidad de que un sujeto esté de acuerdo con una conclusión que es obviamente falsa. La apelación a la autoridad es a menudo capaz de aplicar suficiente presión para forzar la conformidad de la mayoría.

> **Ejemplo:** "Mi oponente fue investigado por el FBI, la CIA y la NSA el año pasado. Sólo alguien con algo que esconder tendría a tantas agencias investigando su pasado".

Apelación a las partes irracionales del cerebro

Los seres humanos son monstruos irracionales del mundo natural, impulsados por las emociones. A pesar de nuestros mejores deseos, las emociones y los sentimientos impulsan nuestras acciones mucho más que la lógica y la razón. Eso está bien la mayoría de las veces porque a menudo indican un curso de acción apropiado.

Pero hay veces en que nuestras emociones nos traicionan o al menos sirven mal a nuestros objetivos. Sin entrenamiento para identificar y superar el sesgo cognitivo natural que todos tenemos, nuestras emociones nos abren a la mayoría de las técnicas cubiertas hasta ahora.

Incluso las personas entrenadas para identificar y superar las partes irracionales del cerebro luchan por resistir. Estos individuos parecen resistentes pero son tan débiles a la manipulación social como cualquier otro. Sólo requieren una mano más experta y hábil.

Ejemplo: Cuanta más autoridad tengas sobre una persona, más podrás forzarla a hacer tu voluntad. Si asumo el manto de autoridad, puedo dar las órdenes y determinar la moral del grupo. Las religiones, la caridad y los clubes ofrecen control local sobre un grupo de personas que esperan seguir la voluntad del líder. Una vez en una posición de autoridad, puedes subir lentamente el voltaje de tus demandas. Intenta limitar el acceso de tu objetivo a fuentes alternativas de autoridad. Nunca dejes que olviden que no pueden confiar en otras fuentes de información.

Capítulo 5: Mensajes subliminales

Un mensaje subliminal es una señal o mensaje diseñado para pasar por debajo (sub) de los límites normales de percepción. Por ejemplo, puede ser inaudible para la mente consciente (pero audible para la mente inconsciente o más profunda) o puede ser una imagen transmitida brevemente y no percibida conscientemente y, sin embargo, percibida inconscientemente.

La gente ha estado usando mensajes subliminales para influenciar el pensamiento desde al menos los griegos en el 500 A.C. Emplearon un método llamado *retórica*. La retórica es un lenguaje cuidadosamente elegido que el orador utiliza para persuadir o impresionar a los oyentes.

La idea detrás de esta antigua forma de control mental es que las palabras e imágenes que vemos u oímos influyen en la forma en que pensamos. Describir un lugar como un basurero conjura una imagen y un sentimiento diferente al de llamarlo un palacio. Al elegir palabras específicas para describir una idea o persona, podrían influir en la opinión de ese personaje sin decirlo directamente.

Este método de control se hizo popular entre los pensadores, políticos y poetas que lo siguen utilizando hasta hoy. Las películas y series de televisión de gran éxito emplean estos métodos con precisión científica. Desafortunadamente, la audiencia a menudo ve el mensaje como falso o poco sincero.

Hay mucha diversidad en el mundo. Lo que inflama el odio de una persona puede no causar ninguna reacción en otra. Eso no ha impedido que la gente intente controlar a los demás con palabras. Nuestro mundo está lleno de cientos de países con miles de dialectos debido a la continua guerra de palabras y la lucha por controlar su significado.

Pero somos más parecidos que diferentes. Los humanos tienden a caer en patrones de pensamiento general, sin importar el origen nacional o la ideología política. Usar las palabras correctas en el momento adecuado puede persuadir a alguien a creer sin querer algo que de otra manera no creería.

En los últimos 2.500 años, el uso de la retórica y la iconografía para condicionar el pensamiento se ha vuelto más complejo. Los edificios religiosos y los santuarios realmente abrazaron la idea de que las imágenes pueden transmitir significado durante la edad media. En el siglo XX, la gente comprendió que respondemos a muchos estímulos sin siquiera notarlos.

Los mensajes subliminales son señales que pasan por debajo de los límites normales de percepción. Pueden transmitirse brevemente y se registran inconscientemente. Estas señales contienen información que sirve para controlar ciertas decisiones conscientes.

Este tipo de control mental fue el santo grial de los negocios y el ejército después de la Segunda Guerra Mundial. La oportunidad de controlar a alguien sin que se diera cuenta parecía un sueño febril. Pero los investigadores no tardaron mucho en descubrir los detalles de su funcionamiento.

En 1957 un investigador de mercado llamado James Vicary tuvo la idea de insertar palabras en una película. Eligió estudiar la efectividad de usar las palabras "Comer palomitas de maíz" y "Beber Coca-Cola". Así que insertó un solo cuadro de cada frase en puntos estratégicos del largometraje.

Después de reportar un éxito abrumador, los comerciantes de todo el mundo comenzaron a participar en la acción. Pero los negocios no eran los únicos que buscaban controlar a la gente. Los militares americanos y rusos estaban muy interesados en los mensajes subliminales durante la Guerra Fría.

Las dos superpotencias invirtieron cantidades incalculables de dinero en la investigación de la eficacia de los mensajes subliminales y otras formas de control mental. Sus experimentos pasaron desapercibidos durante años antes de que se descubriera su tapadera. A pesar de muchos contratiempos, la investigación ayudó a establecer los métodos y a probar la fiabilidad de los mensajes subliminales.

Finalmente se reveló que Vicary inventó sus resultados en el cine. Pero eso no detuvo a los investigadores de negocios y del gobierno. Continuaron tratando de negociar los detalles de cómo y cuándo funciona la mensajería subliminal.

Hay tres tipos generales de mensajes subliminales. Cada uno funciona de manera diferente para lograr el mismo resultado. Estos mensajes a menudo incluyen un elemento sexual en un intento de evitar los centros lógicos del cerebro.

Mensajes Subvisuales: Estas son señales visuales que se muestran demasiado rápido para ser registradas. Este tipo también incluye imágenes que pueden ser vistas de múltiples maneras. Las de las películas y la televisión pueden mostrarse en cualquier lugar desde uno a unos pocos cientos de milisegundos. Un solo cuadro de una película es el límite exterior del rango efectivo de este método. Pero simplemente necesitan pasar desapercibidos en las imágenes impresas o fijas.

Estos mensajes son fáciles de identificar porque a menudo existen como una imagen fija u otro medio concreto. Los anuncios impresos en revistas y periódicos están llenos de imágenes subvisuales. La mayoría son de naturaleza sexual, aunque también hay ideologías religiosas y económicas.

> **Ejemplo:** Las compañías de cigarrillos, los animadores de Disney y los productores de alcohol usan mensajes subvisuales constantemente. Desde la forma del palacio del Rey Tritón hasta el color de los fumadores en los anuncios de Phillip Morris, las imágenes subvisuales están en todas partes.

Mensajes subaudibles: Son señales de audio que se insertan en fuentes de audio más fuertes como la música o la narración. Se basan en el poder del audio superpuesto para evitar que sean detectados. Cuanto más tiempo alguien escuche este tipo de mensaje, más efectivo se supone que es.

El ejército de los Estados Unidos experimentó ampliamente con esta técnica durante los años 50 y 60, pero finalmente la abandonó. Concluyeron que era ineficaz en el mejor de los casos y operacionalmente inútil en el peor.

Ejemplo: Esta técnica es común en los cursos de autoayuda y otros productos de potenciación. También fue utilizada durante el Proyecto MK Ultra por la CIA, donde pagaban a los médicos para ayudar a borrar los recuerdos. Los efectos no fueron mejores que los de un placebo, así que fue relegado a los infomerciales nocturnos.

Enmascaramiento: Son mensajes de audio que se graban al revés. Al reproducirlos normalmente, los mensajes suenan inocuos. Si se reproducen al revés, el mensaje se vuelve claro. No hay ningún componente de duración más allá de la necesidad de escuchar el mensaje completo.

Esta técnica sólo fue posible después de la invención y el uso generalizado del software de grabación de cintas. Se impuso rápidamente en la industria de la música ya que muchos artistas contemporáneos experimentaron con nuevas técnicas de grabación. Los cristianos fundamentalistas eventualmente se aferraron a esta idea a finales de los 70 y principios de los 80.

Las acusaciones de enmascaramiento satánico comenzaron a surgir a principios de los años 80. Los conferencistas cristianos advirtieron de los peligros de estos mensajes ocultos de Satanás en la música popular. Sus afirmaciones de que Satanás inspiró a Led Zeppelin a escribir "Stairway to Heaven" junto con otros músicos continúa hasta hoy.

Pero los fanáticos religiosos no son los únicos que creen en el poder de esta técnica. El fervor religioso despertó la curiosidad de los funcionarios del gobierno y el personal militar. Su investigación sólo mostró que tiene un efecto mínimo y no pudo encontrar ninguna evidencia de posesión demoníaca.

> **Ejemplo:** Los Beatles incorporaron el backmasking en su álbum *Revolver de* 1966. Las canciones "Tomorrow Never Knows", "I'm Only Sleeping" y "Rain"

incluían técnicas de enmascaramiento. Los Beatles se convirtieron en el centro de la controversia sobre la técnica después de que Paul McCartney muriera y los oyentes descubrieran las palabras "Paul es hombre muerto, lo extraño, lo extraño, lo extraño" en *I'm So Tired*.

Después de décadas de investigación e incalculables miles de millones invertidos, no parecía haber un límite en el alcance de los mensajes subliminales, pero sí mostraba algunas debilidades y límites importantes en su aplicación. Por su propia naturaleza, los mensajes subliminales tienen un impacto mínimo en el comportamiento real.

Los cambios sutiles por debajo del nivel de percepción consciente tienen efectos sutiles. Son herramientas poderosas para dirigir el pensamiento, pero a menudo no tienen un impacto notable. Si el sujeto no tiene la motivación adecuada, puede que no funcione en absoluto.

Algunos estudios de imágenes cerebrales muestran que respondemos a los mensajes subliminales de manera mensurable. Los niveles de actividad cambian en el centro de procesamiento de emociones del cerebro, llamado amígdala. Los cambios también son visibles en la ínsula, el hipocampo y la corteza visual, que controlan la conciencia, los recuerdos y la visión respectivamente.

Esta técnica no implanta pensamientos y acciones en la cabeza del sujeto. En su lugar, guía o llevalos pensamientos y acciones en una dirección específica. Esto limita severamente la efectividad de los mensajes subliminales.

La gente debe tener una necesidad: Para que los mensajes subliminales funcionen, el objetivo necesita tener el comportamiento adecuado. Esto limita el alcance general de esta técnica, pero aún así permite una gran versatilidad. Sólo necesito apuntar a una necesidad que tal vez no sepan que tienen.

Si hay que empujar, puedo diseñar un estímulo para desencadenar la necesidad que quiero explotar. Esta es una práctica común en los mercados de belleza y de diamantes. Ellos diseñan una necesidad para su producto (para atraer parejas sexuales o retenerlas) y luego ofrecen su servicio para satisfacer esta necesidad. No importa que el producto sea un placebo, la gente termina comprando la promesa porque en el fondo quieren hacerlo.

Siempre habrá alguien que se niegue a aceptar una idea. Los individuos adversos o desinteresados en los estímulos pueden ser repelidos por un mensaje subliminal efectivo. Pero cuanto más desea el sujeto un bien o un servicio, más influyente es el mensaje.

Ejemplo: Los investigadores descubrieron que los participantes del estudio con imágenes de una bebida de marca tenían más probabilidades de elegir esa marca más tarde. El efecto fue estadísticamente significativo y reforzó la idea de que los mensajes subliminales funcionan.

Había limitaciones en cuanto a la influencia que tenía. El efecto era de alcance limitado y sólo era efectivo en personas ya preparadas para el producto. También encontraron que algunos participantes no cambiaban sus preferencias si tenían una fuerte aversión a la marca.

Capítulo 6: Guerra psicológica

La guerra psicológica es un tipo de influencia social que tiene como objetivo cambiar el comportamiento o la percepción de los demás a través de tácticas abusivas, engañosas o solapadas.

El término "guerra psicológica" es lo suficientemente amplio como para ser difícil de precisar. Pero esencialmente se reduce a un tipo de influencia social que tiene como objetivo cambiar la percepción de los demás. A menudo esto se hace para reducir la moral o la estabilidad mental de un oponente.

Uno de los ejemplos más infames de técnicas de guerra psicológica se llama el proyecto MK Ultra. Este programa secreto de las agencias de inteligencia americanas utilizó participantes no dispuestos de poblaciones vulnerables durante los años 50 y 60. El objetivo era descubrir una forma de controlar poblaciones enteras sin su conocimiento.

El proyecto MK Ultra experimentó extensamente con técnicas de control farmacológico. Esto incluyó docenas de sustancias como marihuana, cocaína y dietilamida del ácido lisérgico (LSD). El LSD se convirtió en el foco de sus experimentos desde el principio y fue usado en personas sin su conocimiento.

Experimentando con la población civil sin informarla, pudieron estudiar los efectos en situaciones del mundo real. Una vez que el proyecto se hizo público más de 20 años después, docenas de víctimas desprevenidas murieron. Un número desconocido de otras personas resultaron permanentemente dañadas en el curso de los experimentos.

Un científico llamado Frank Olson trabajó para la CIA en 1953 cuando lo llevaron a un retiro. Luego lo dosificaron con LSD en un cóctel sin su conocimiento. Se convirtió en la primera persona que sabemos que murió a causa de los experimentos.

Olson murió unos días después cuando se lanzó desde una habitación de hotel de Nueva York el 28 de noviembre de 1953. Su muerte fue originalmente declarada como suicidio pero la familia de la víctima decidió hacer una segunda autopsia en 1994. Un equipo de expertos forenses descubrió múltiples lesiones que parecían haber ocurrido antes de la caída.

Los hallazgos provocaron controversia sobre las actividades de la CIA y la indignación pública. La familia fue finalmente premiada con $750,000 y una disculpa personal del Presidente Gerald Ford y el Director de la CIA William Colby. Pero Olson no lo tuvo tan difícil como algunas de las víctimas de MK Ultra.

Los pacientes mentales fueron algunos de los peor tratados como sujetos de prueba. Los doctores sancionados por el gobierno eventualmente usaron ciertas técnicas de interrogación desarrolladas con estas drogas. A menudo, las víctimas nunca se recuperaron completamente de los efectos del evento.

El LSD inhibe el funcionamiento del cerebro, abriendo a la gente a la sugestión. Se usaba para preparar a la víctima para un interrogatorio. La inyección dio como resultado un inicio más rápido que otros métodos.

Una vez que la persona se tropezaba con una gran dosis, el interrogador comenzaba a interrogar de varias maneras. Estas técnicas están prohibidas en la ciencia normal, ya que son crueles e inusuales. Realizarlas es tan probable como cualquier otra cosa para ponerte tras las rejas y son una de las formas más crueles de la guerra psicológica.

Privación sensorial: Esta técnica implica largos períodos sin estimulación física o mental. Se puede lograr a través de períodos de sueño inducidos por drogas o cámaras especiales junto con choques eléctricos.

El primer método implica períodos de sueño inducidos por las drogas. Al mismo tiempo, el paciente necesita nutrición intravenosa durante el tratamiento. El resultado de los períodos prolongados de esta técnica es la amnesia inducida.

Con suficiente suplemento nutricional, una víctima puede permanecer inconsciente durante meses. A un paciente se le mantuvo dormido durante 65 días. Las víctimas tuvieron amnesia hasta seis meses después de terminar el tratamiento.

Efectos similares provienen del uso de las cámaras de privación sensorial. Estas cámaras sin luz se llenan con agua salada (para la flotabilidad) a la temperatura de la piel. La amortiguación del sonido asegura que las personas que están dentro no pueden ver, oír o sentir nada.

Esta técnica permite que se les sugieran nuevos antecedents a las personas. Los conflictos emocionales pueden ser inducidos tan fácilmente como cualquier otra cosa, pero también sufre de falta de fiabilidad.

Desparramado: Esta técnica intenta romper los patrones de comportamiento. Para lograrlo, comenzaron un sueño prolongado con una terapia de choques múltiples seis veces más alta de lo normal. Se añadió algo de LSD a la mezcla al final de cada sesión de choque y se reproducen cintas de audio durante los ciclos de sueño.

Este ciclo se repitió hasta 81 días en un caso. La víctima experimentó una amnesia completa y nunca recuperó sus recuerdos. Tuvo que pasar por terapia mental y física para recuperar funciones básicas como caminar y hablar.

Desafortunadamente, este método no es más efectivo que otros menos drásticos. También deja un daño mental permanente. Cuando la gente se entera de ello, hay un retroceso significativo, lo que lo convierte en un método peligroso incluso para la persona más malvada.

No olvides la propaganda: La propaganda juega un papel importante en la guerra psicológica efectiva contra las comunidades. Aprovecha el miedo, la incertidumbre y el terror para obligar a grupos de personas a cometer errores. La mejor parte es que logras esto sin usar la fuerza física.

No siempre necesitamos hacer la guerra con las tropas militares. Además de ser costosa, la acción militar siempre tiene la posibilidad de fracasar. A menudo es mejor minar la voluntad de los enemigos y evitar los enfrentamientos físicos.

La propaganda es capaz de minar la voluntad de luchar y coser la disensión en las filas. Fomenta las luchas entre enemigos, o puede someter o calmar a los sectores más indignados de la sociedad. Por eso las empresas y los gobiernos se comprometen con ella en cada oportunidad posible.

Hay seis formas principales de utilizar la propaganda para la guerra psicológica. Cada método afecta a una parte diferente de la población y tiene diferentes requerimientos. La combinación de todas las técnicas que se enumeran a continuación conduce a un mayor éxito operacional.

Noticias: La mayoría de la gente obtiene información sobre el mundo a través de las noticias. Puede ser una estación local de noticias vespertinas, un programa de cable, o en Internet. Por suerte, la mayoría de estas fuentes están controladas por un pequeño grupo de personas.

El multimillonario fundador de Amazon, Jeff Bezos, compró el Washington Post. Esta fuente de noticias de la vieja escuela llega a millones de personas al mes y tiene un poder de autoridad mucho más allá de lo que Bezos podría crear por sí mismo. Usando esta fuente de noticias, es capaz de asegurarse de que su perspectiva sea presentada por la red.

Rupert Murdock de News Corp. creó una red internacional en lugar de comprar un solo periódico. Una de las marcas más influyentes en su vasta red de noticias es Fox News. Es tan influyente que el Presidente de los Estados Unidos toma consejos de política de sus anclas sobre las recomendaciones de los funcionarios del gobierno.

Al controlar las noticias, podemos controlar eficazmente la narración de los eventos que la gente ve. Los modernos ciclos de noticias e Internet permiten a la gente alimentarse de las noticias como un bebé con un biberón.

> **Ejemplo:** Fox News es conocido por ofrecer un punto de vista dictado por y para los americanos conservadores. Utilizan esta plataforma para coser el miedo y el odio proclamando constantemente que ciertos grupos están

"haciendo la guerra" a los valores americanos. Usan este fervor para hacer crecer la ira contra lo que sea y quien sea su objetivo del día.

Amenazas: La violencia, la restricción de las libertades y otras amenazas pueden infundir miedo en una población. Pueden ser mentiras o amenazas que reflejan intenciones reales. Como sea que las amenazas tomen forma, pueden causar estragos en el estado mental de poblaciones enteras. Los efectos del terror de estas amenazas pueden durar generaciones más allá del final de la campaña.

> **Ejemplo:** El Presidente de los Estados Unidos y el Líder Supremo de Corea del Norte a menudo se amenazan mutuamente con la aniquilación nuclear. Esta y otras amenazas hacen que el mundo entero tiemble de miedo.

Folletos: La propaganda en papel se distribuye a menudo a mano o se deja caer desde el aire. Los folletos tienen información manipuladora o engañosa. Estos mensajes están diseñados para persuadir a los lectores a apoyar u oponerse a los eventos políticos y la legislación.

> **Ejemplo:** Los memes son una forma digital de folletos que se pasan por las redes sociales. Tienen verdades a medias y mentiras descaradas que son tan ubicuas que las hacen fáciles de creer.

Objetos: Camisetas, carteles, gorras, alfileres y otros objetos físicos son una forma efectiva de hacer llegar un mensaje. Se convierten en símbolos de movimientos más grandes en áreas de interés político, religioso y filosófico. Los objetos a menudo se convierten en herramientas de promoción y culto.

> **Ejemplo:** El crucifijo es un buen ejemplo de un objeto físico que se utiliza como símbolo para fomentar la adoración.

Falsa bandera: Una Falsa Bandera es cuando un grupo libera información o lleva a cabo un ataque que es falso. Estas operaciones infunden miedo y culpan activamente a otro grupo por el hecho. Estas operaciones a menudo utilizan actores u otros participantes conocedores para fomentar el engaño.

Es casi imposible probar que algo es una operación de falsa bandera a menos que alguien involucrado lo admita. Hay algunos indicadores, pero un operador experto puede evitarlos con facilidad. Esto hace que sea necesario limitar el número de personas involucradas al mínimo absoluto.

La mejor parte de estas operaciones es que no necesitan ser reales para que la gente las crea. Simplemente sugiriendo que algo es una bandera falsa puede dar a la gente todo el empuje que necesita para aceptar la teoría.

> **Ejemplo:** Los EE.UU. usaron operaciones de falsa bandera durante la Segunda Guerra Mundial para hacer creer a sus enemigos que no atacarían Normandía. Cuando los aliados desembarcaron, encontraron las playas mal defendidas y las tomaron con éxito.

Los medios de comunicación: Puede que no lo parezca al principio, pero las películas, los libros y la música pueden ser usados como herramientas de guerra psicológica. Estos mensajes pueden reescribir la historia o proporcionar nuevas perspectivas e ideas. Pueden reformular cualquier cosa, desde el genocidio como un avance social hasta inculcar la desconfianza en un gobierno específico. Cuando se hace bien, este método puede proporcionar una población altamente energizada que es fácilmente y encubiertamente manipulada a través de otros medios.

Ejemplo: Empresas como Facebook y Google admiten abiertamente que filtran los resultados y muestran historias que creen que provocarán una respuesta. Países como China, EE.UU. y Rusia se involucran en esta técnica. Rusia tuvo un éxito excepcional cuando utilizó los medios de comunicación para influir en las elecciones presidenciales de EE.UU. de 2016.

Capítulo 7: Lenguaje corporal

Los humanos son expertos en leer el lenguaje corporal o las señales no verbales que usamos para comunicarnos. Estas señales no verbales pueden comunicar más información que las palabras que elegimos. Desde las expresiones faciales hasta cómo estamos parados, las cosas que no decimos transmiten volúmenes de información.

La gente tiene una inclinación natural a involucrarse en el comportamiento de ayuda. Nuestra naturaleza comunitaria hace imperativo entender el significado de las señales no verbales. Esto hace que cada persona en la tierra sea un lector de mentes. Sucede que algunas personas son mejores que otras.

Nuestras comunidades no son una gran masa homogénea, sin embargo. Nos dividimos en micro y macro grupos y priorizamos nuestra "tribu" al tomar decisiones. A largo plazo, proporciona beneficios significativos el unirse en equipo en lugar de cada persona por sí misma.

Pero nuestras habilidades de lectura de mentes añaden una capa de complejidad. Los humanos pueden mentir u ocultar sus verdaderas intenciones. Esto a menudo proporciona una ventaja significativa a corto plazo a costa de la mala voluntad de otros en la comunidad.

El engaño es una actuación activa. Requiere un poder cerebral decente y esfuerzo para mantener una treta durante cualquier periodo de tiempo. Sólo podemos concentrarnos en unas pocas cosas a la vez, así que nuestro lenguaje corporal a menudo revela nuestros verdaderos pensamientos e intenciones.

He aprendido algunos trucos que pueden ayudar a cualquiera a mejorar su capacidad de influir en los demás a través del lenguaje corporal. Son simples pero han ayudado a todos, desde vendedores de aspiradoras hasta Ted Bundy a ocultar sus verdaderas intenciones.

Estas técnicas no van a detener el racismo, la misoginia, pero pueden presionar a otros para que respondan de manera sutil o abierta. Con suficiente práctica y una ejecución adecuada, empujarán a la gente a pasar la valla de la sospecha y te ayudarán a cambiar un no por un sí.

Practica la postura perfecta: Cuando entro en una habitación, la gente inmediatamente sabe que soy el que manda. No tengo que decirles que estoy a cargo, ya han decidido que lo estoy antes de que abra la boca. Les comunico esta información principalmente a través de la postura.

La postura comunica nuestro estatus dentro del grupo más que la ropa en la espalda y las palabras que salen de nuestras bocas. Sólo toma un segundo para que alguien empiece a tomar decisiones sobre mí. Así que me aseguro de comunicar instantáneamente la autoridad y el poder a través de la forma en que sostengo mi cuerpo.

Me paro y hago gestos usando técnicas específicas que muestran sutilmente el dominio y el control sin parecer un tirano o manipulador. Estas técnicas incluyen estar de pie, usando gestos con las palmas hacia abajo, y llenando mi espacio.

El cerebro está programado para equiparar la potencia con la cantidad de espacio que ocupan. Estar de pie te hace parecer más alto y sostener los hombros hacia atrás maximiza el espacio que yo ocupo. Pero si me encorvo, aparezco como un proyecto de sumisión y debilidad.

Mantener una buena postura ayuda a los demás a entender que soy alguien que vale la pena conocer. Mientras que usar mi espacio para hacer gestos amplios y expansivos muestra a los demás que conozco mis límites. Esto se combina para imponer respeto y ayudar a los demás a valorar el compromiso conmigo.

Adoptar un tono agradable: Entrar en una interacción a la defensiva o actuar como si quisiera luchar es naturalmente desagradable. Me hace ser rechazado y hace que la otra persona se retracte. Si mi intención es influenciar a un sujeto, necesito que sean abiertos y acogedores, no cerrados y a la defensiva.

Así que me acerco a ellos como un viejo amigo, ayudándoles a relajarse un poco y a abrirse naturalmente. Mostrando que estoy cómodo, señalo a los demás que ellos también deberían estarlo. Es sorprendente lo acogedoras que pueden ser las personas cuando se relajan un poco.

Actuando de forma amistosa y abierta, casi instintivamente responden con calidez. Sin embargo, pueden sospechar de sus intenciones si te excedes. Así que sé amigable, no falso, y cree que la gente quiere ayudar.

> **Ejemplo:** Cuando conozco a alguien por primera vez, sonrío y me presento de forma familiar y pregunto algo sobre ellos. Comienzo mi encuentro sobre la base de que somos viejos amigos reunidos de nuevo. Esto me ayuda con el siguiente truco.

Lenguaje corporal de los espejos: Uno de los elementos más importantes de la atracción es creer que la otra persona te entiende a un nivel profundo. La sensación de que alguien *te entiende* es intoxicante. Cuanto más sentimos que nos entienden, más profunda es nuestra conexión.

Es importante enfatizar los puntos comunes en lugar de las diferencias. Cuanto más tengamos en común, más probable es que alineemos nuestros motivos y objetivos. Estas situaciones nos muestran que la otra persona es similar a nosotros. Dado que el lenguaje corporal comunica la mayor cantidad de información en el menor tiempo, es la mejor manera de establecer ese sentimiento de similitud.

La gente refleja naturalmente el lenguaje corporal. A menudo no pensamos conscientemente en nuestra postura, tono y posición en la conversación. Al controlar y reflejar el lenguaje corporal de la otra persona, los hace sentirse más atraídos por mí y valoran más mi opinión.

> **Ejemplo:** ¡Sé sutil! Si la otra persona desplaza su peso para apoyarse en una pared, apóyate en ella también. Si hablan con las manos, me aseguro de hacer un gesto cuando hablo. Si cruzan las piernas, hago lo mismo pero en una posición ligeramente diferente. No hago grandes

cambios, sólo lo suficiente para estar en sincronía con la otra persona.

Establece el control: Una vez que estemos en sincronía, empiezo a dirigir la conversación. Continuamente construyo una relación y cuando es el momento adecuado empiezo a cambiar mi lenguaje corporal para animarles a que se reflejen en mí. Una vez que me siguen, sé que tengo el control y que puedo difundir una situación intensa o crear emoción.

La forma más rápida de ganar confianza es reflejar el lenguaje corporal de la otra persona. Antes de empezar a dirigir, tengo que conseguir que estén en sintonía conmigo. Cuanto mejor pueda hacer el reflejo y el tono, más rápido se sincronizarán y ganaré control de la conversación.

Las preguntas ayudan a establecer el control de una conversación. Puede parecer contrario a la intuición, pero la persona que da las respuestas es más débil que la que hace las preguntas. Así que hago preguntas tan a menudo como sea posible, aunque raramente le doy tiempo a la otra persona para que las responda.

Una vez que tenga el control, puedo llevar la conversación a donde quiera. Todo el tiempo observo y estudio sus reacciones. Sigo adaptando mis preguntas y respuestas para animar a la otra persona a responder emocionalmente. Cuantas más emociones pueda trabajar, más control tendré.

> **Ejemplo:** Si quiero convencer a una persona de que firme un contrato, controlo la conversación haciendo preguntas y reflejando su lenguaje corporal. Cruzo mis piernas si ellas cruzan las suyas y hago gestos similares a los de mi objetivo. Una vez que su lenguaje corporal comienza a sincronizarse con el mío, hago preguntas como: "¿Qué vas a hacer una vez que firmes?" y "No puedo creer que hayamos conseguido estos términos". Debes sentirte muy afortunado, ¿verdad?"

Haz contacto visual: Somos los únicos primates del mundo con el blanco en los ojos. Eso es porque los usamos como una forma primaria de comunicación. El ojo se llama la ventana al alma por lo integral que es para el lenguaje corporal.

Sin un buen contacto visual, la gente lo percibirá como nervioso, inestable o poco atractivo. Hacer contacto visual con alguien crea una intensa conexión. Esa conexión es integral para parecer confiable y comprometido.

Esto no significa mirar fijamente a la gente. Los ojos pueden comunicar la agresión tan fácilmente como la timidez. Negarse a romper el contacto visual puede hacer que los demás se sientan incómodos y parezcan demasiado intensos.

Ejemplo: Mantengo el contacto visual durante el 80% de mis interacciones. Cuando la otra persona está hablando, mantengo el contacto visual a menos que esté hablando de algo a la vista o se esté excitando demasiado. Bajo los ojos para comunicar tristeza, los levanto para elogiarlos y mantengo los ojos principalmente en el hablante.

Da buena cara: Cuando hablamos de lenguaje corporal, tendemos a centrarnos en el torso y las extremidades. Cosas como la postura, dónde y cuándo tocar a alguien y cómo sostener nuestras manos dominan la conversación. A menudo subestimamos el poder de las expresiones emotivas.

Siempre me sorprende lo efectiva que es una sonrisa para comunicar emociones. Puede indicar placer, felicidad, ironía, apaciguamiento o un complejo de superioridad. Una sonrisa genuina es uno de los aspectos más subestimados de la atracción.

Somos los únicos primates que sonríen a la gente que nos gusta. Los otros lo ven como una muestra de amenaza. La gente encuentra naturalmente que una boca llena de dientes blancos nacarados es muy atractiva.

Sólo asegúrate de que cualquier sonrisa que des sea genuina. Cuando la gente se da cuenta de que estás fingiendo una sonrisa, se complica su disposición. Se da cuenta de que los engañas y cuestiona todo lo que haces y dices.

Capítulo 8: Engaño

En la investigación psicológica, el engaño es una cuestión ética muy debatida. Algunos psicólogos argumentan que engañar a las personas que participan en un estudio de investigación es deshonesto. Sin embargo, no pueden negar su eficacia.

El engaño en el mundo real es muy diferente de lo que se realiza en el laboratorio. Además de ser a menudo de naturaleza a largo plazo, el engaño en el mundo real beneficia activamente al mentiroso y puede dañar al objetivo/víctima. Esto puede proporcionar una diferencia cuantitativa en el método y la veracidad del engaño entre el laboratorio y el mundo real.

Como hablamos en el capítulo anterior, es difícil para los individuos enmascarar completamente su engaño. El lenguaje corporal, la disidencia cognitiva y las normas culturales/subculturales "filtran" la intención del engañador a un objetivo perceptivo, pero hay una multitud de razones para el engaño y métodos de detección.

La moralidad personal es una de las principales causas de las fugas. En la mayoría de las situaciones, la gente confía en pistas tanto verbales como no verbales para determinar la veracidad de una declaración o acción. Estas claves reflejan un estado mental interno que presumiblemente corresponde a la culpa.

Hay muchos tipos de engaños. Algunos son para beneficio personal mientras que otros son de naturaleza ideológica. Otros engaños se realizan con el único propósito de dañar a la víctima. La guerra y los deportes son lugares donde el engaño se considera un activo.

Hay cinco tipos principales de engaño. Cada uno realiza una función diferente cuando se trata de persuadir. Pero todos requieren al menos un grano de verdad para pasar desapercibidos.

Mentiras: Son expresiones falsas dadas con la intención de engañar. Se desvían activamente y dan falsas impresiones. Las mentiras pueden ser grandes o pequeñas pero casi siempre se usan para escapar de la detección o el castigo.

La mayoría de las culturas tienen estrictos códigos morales que castigan este tipo de engaño. Algunos lo codifican en leyes con severos castigos. Los Estados Unidos lo hacen con perjurio, donde mentir en la corte puede tener graves repercusiones.

> **Ejemplo:** Si testifico en un juicio y el fiscal me pregunta: "¿Conocía al acusado?" y yo respondo: "No". Aunque lo conociera, eso es una mentira. Si se descubre la mentira, podría enfrentarme a un tiempo en prisión y a una gran multa.

Equivocaciones: Son afirmaciones ambiguas que pretenden engañar representando dos significados diferentes dentro de una misma conversación o contexto. Abusan de palabras y expresiones con múltiples significados a lo largo de un argumento. El significado de la palabra cambia a lo largo de la conversación para convertirse lo que el que lo dice, desea.

A los clérigos y políticos les encanta usar este método para controlar a los fieles. La naturaleza de la fe (en un ser supremo o en el poder de las personas) requiere que la definición cambie para adaptarse a la situación. En los idiomas con muchas palabras que tienen múltiples significados (como el inglés) es más fácil de hacer esto; que en los idiomas que no las tienen (como el mandarín).

> **Ejemplo:** Mi amigo Mike es ateo y dice que ha sufrido persecución por sus creencias. Puedo entonces afirmar que un ateo es por definición uno que carece de creencias. Así que Mike no puede ser perseguido por creencias que no tiene.
>
> Aquí cambia mi significado de la palabra "creencia". Comienza representando la palabra como la creencia en un poder divino. Algo que los ateos estrictamente no tienen. Pero cambio al significado de un pensamiento profundo o ideal justo después. Esas son cosas que los ateos tienen. Usando la misma palabra para describir dos significados diferentes, creo ambigüedad y tergiverso a los ateos.

Ocultaciones: Estas son declaraciones específicamente diseñadas para ocultar la verdad. Esconden la realidad y evitan revelar información que la persona sabe que se espera que revele. Ocultar es normalmente visto como menos atroz que mentir abiertamente, pero aún así es mal visto por la mayoría de los grupos y organizaciones.

Este tipo de engaño es más común cuando alguien está siendo interrogado. Si la otra persona me llama alguna vez para ocultar algo, siempre puedo decir que no lo recuerdo. Los abogados y los vendedores son famosos por dejar fuera información clave de sus tratos.

> **Ejemplo:** Supongamos que estoy vendiendo un coche y sé que los frenos están rotos y no se pueden arreglar. Entonces un posible comprador me pregunta: "¿Hay algo malo en ello?" Si les digo: "Todo funciona tan bien como el día en que lo conseguí", oculto la verdad (que los frenos no funcionan) y me abro a graves repercusiones.

Exageraciones: Son declaraciones que inflan activamente la realidad. Muestran que algo es más grande, mejor, más fuerte o peor de lo que realmente es. No hay límite para lo lejos que alguien puede llegar, sólo un umbral de voluntad para estirar la verdad.

Pero hay límites a lo que la ley permite que esto suceda. Los anunciantes exageran tanto en sus actividades de marketing que la mayoría de los gobiernos ponen límites a lo que se les permite decir. Tratar de estirar la verdad demasiado lejos ha costado más de un genio malvado de lo que se esperaba.

No subestimes el efecto de la exageración. Es una manera poderosa de mostrar las diferencias y de hacer un punto. Pero cada vez que exagero, se vuelve menos efectivo, así que lo mantengo como respaldo o para el debate.

Ejemplo: La forma más común en que la gente exagera es afirmando que algo es imposible. Sólo porque no hayamos descubierto cómo hacer algo no significa que no se pueda hacer. La mayoría de nosotros lo entendemos, pero aún así usamos la figura retórica exagerada porque es más impactante que decir: "No sé cómo realizar esta tarea y no tengo confianza en mis habilidades".

Subestimaciones: Estas declaraciones minimizan la importancia de algo. Esto es común en el humor y redefine el tema en términos poco convincentes. Esto ayuda a minimizar la ofensa y la negación de la intención. A la mayoría de los grupos no les importa esto tanto como otros dispositivos retóricos, y algunos realmente fomentan el comportamiento.

Casi cualquier cosa en la que la gente compita condona un cierto nivel de subestimación. Los deportes, los programas de televisión y otras competiciones valoran la capacidad de mantener una estrategia secreta.

Ejemplo: Si alguien que me gusta se tropieza conmigo, a menudo usaré subestimaciones para suavizar la interacción. Si dicen, "¿Te he hecho daño?" Podría responder con un "No, estoy bien". Por otra parte, decir que las personas que mueren en una acción militar son "daños colaterales" es una subestimación que minimiza la importancia de sus vidas y de las muertes subsiguientes.

Hay más en el engaño que en la mentira. El engaño se define básicamente como una manipulación de las apariencias de tal manera que dan un falso sentido de la realidad. A menudo sirve a un objetivo personal o ideológico y se lleva a cabo durante un período de tiempo. Dada la amplitud de esta definición, es difícil encontrar un conjunto común de características que se ajusten a todas las formas posibles de hacerlo.

El engaño requiere un cuidadoso equilibrio entre ocultar y proporcionar información para seguir adelante. Nos permite abrir un camino mental para que otros lo sigan y nos da los medios para coaccionarlos a seguirlo. Pero debe permanecer sin ser detectado por las víctimas para seguir siendo efectivo.

Hay lugares donde el engaño es sancionado. Las competiciones deportivas, el teatro y los interrogatorios alientan y respaldan el uso efectivo del engaño. En estos lugares, hay un contrato implícito entre el engañador y la víctima.

Hacer un buen trabajo significa engañar a los espectadores y a los competidores para que tengan una visión exagerada de ti y de tus talentos. Los torneos de póquer son legendarios por cómo los participantes tratan de engañarse unos a otros. Los únicos problemas con las cartas vienen cuando los jugadores y espectadores no se ponen de acuerdo en los términos aceptables.

Por estas y otras razones, el engaño generalmente depende de mantener a la víctima prevista ingenua. Pero fuera de los lugares sancionados, la sociedad reacciona mal al engaño.

Las bromas, fantasías, burlas y compartir mentiras sociales son pequeños engaños que encuentran un grado de tolerancia. Esto implica que la severidad de la reacción tiene una estrecha relación con el daño percibido que hacen a otros en esa sociedad.

El engaño militar y estratégico es regularmente patrocinado por el estado. No hay una nación en la historia que no se haya involucrado en alguna forma de este comportamiento. Ellos entienden que la mejor manera de preservar su forma de vida es ganar.

La necesidad de entrenar en la guerra y el engaño en realidad llevó a generar muchos de los deportes que conocemos hoy en día. La esgrima, el fútbol, el tenis y el polo se desarrollaron porque la gente necesitaba una forma sancionada de entrenar en las artes de la guerra. Los deportes son esencialmente batallas en las que los combatientes acuerdan no matarse unos a otros y luego inventar reglas a partir de ahí.

Muchas de las tácticas desarrolladas en el campo de batalla se transfieren a la vida civil y amorosa. Hay estafadores, tramposos, mentirosos y ladrones por todas partes. Estar familiarizado con sus tácticas me permite defenderme de sus engaños.

Una vez que reconozcamos la situación por lo que es, tenemos la oportunidad de ganar, y eso requiere una combinación de preparación y ejecución para lograrlo. Ganar puede ser cualquier cosa, desde derrotar a un enemigo hasta anotar un aliado, o tener sexo.

Las personas son únicas y lo que funciona bien para una persona puede no ser tan efectivo para otra. Se puede necesitar cierta flexibilidad para mantener un objetivo comprometido, así que aquí hay algunas formas finales de ganar el día.

Recopilar información: Como se discutió en capítulos anteriores, el lenguaje corporal y la cognición juegan un papel clave en la comunicación interpersonal. Observar, escuchar y reflejar el tema, todo ello proporciona una valiosa información sobre cómo persuadir. Reunir tanta información útil como sea posible te da la mayor ventaja.

No te atasques en los detalles. Son importantes, pero sólo si tienes suficientes. Recuerda que es mejor tener muchos puntos de datos que se aproximen a la realidad que un solo punto de dato que se ajuste a la realidad.

Muestra estratégica de vulnerabilidad: Es increíble lo poderoso que es una muestra de debilidad oportuna. Tales muestras pueden desviar las sospechas o fomentar sentimientos de confianza y atracción.

Llamar la atención sobre una debilidad muestra aliados potenciales que entienden que no soy perfecto. También da a los demás la sensación de que tienen algún control sobre mí. Pero no revelo cualquier vieja debilidad.

La debilidad revelada necesita ser algo que sea visible y fácilmente reforzado. Esto da la impresión de invulnerabilidad cuando se es capaz de superarla (aunque sea ligeramente). Esa fuerza percibida puede ser la diferencia entre conseguir lo que quieres y no.

> **Ejemplo:** Utilizo la información que he reunido para elegir una debilidad en la que he tomado medidas para cubrir o que de otra manera es negada. De esa manera

puedo distraer a otros de las debilidades que no puedo ver y no sé cómo negar. Al final, normalmente es mejor ver venir a tu oponente o amante que no.

No reveles el plan: No es un engaño si se lo cuentas a todos. Mantener las cosas tranquilas asegura que nadie tome medidas para detener tus planes. Tampoco pueden reportar lo que no saben.

A veces otras personas son una necesidad. Trata de decirle a otras personas lo menos posible, básicamente lo suficiente para permitirles cumplir con su parte del plan. Limitar el número de personas que saben sobre el mal que planeas desatar es una parte clave para evitar que se filtre a las personas equivocadas.

Los villanos de Disney siempre pierden en parte porque revelan su malvado plan. De la misma manera, la gente real termina tras las rejas porque hablan de las locuras que han hecho. Una vez que sacas eso a la luz, no puedes retractarte.

La policía a menudo utiliza el testimonio jurado contra los acusados en el tribunal. La autoincriminación es un problema tan común que los EE.UU. puso protecciones contra ella en la Declaración de Derechos. No es tan "crucial" en la vida real como en la televisión, pero sigue siendo uno de los mayores errores garrafales que una persona puede cometer.

> **Ejemplo:** Nadie recuerda a Ted Bundy por sus contribuciones políticas. Lo recuerdan por cortar a un montón de gente y ser crucial. No pudo evitar entregarse como una persona verdaderamente malvada y una vez que lo hizo, comenzó su vida tras las rejas.

Conclusión

La psicología abre las puertas al entendimiento humano. Debido a nuestra larga y violenta historia como especie, todos tenemos partes oscuras dentro de nosotros mismos. Este libro muestra cómo la gente aprovecha esa fuerza oculta y la utiliza.

La mayoría puede estar de acuerdo en que una persona malvada es aquella cuyas ganancias objetivas se ven considerablemente superadas por las lesiones y los daños que causó, alguien con plena responsabilidad por los actos y claramente destinado a violar las normas morales.

Las técnicas descritas en este libro esbozan los métodos que la gente usa para influenciar, manipular y controlar de otra manera a cada uno de nosotros. Son frías, insensibles, y a menudo ignoran las implicaciones morales de su uso. Destaca la razón y el método que hay detrás de esos actos malvados sin juicio ni estímulo.

Usar estos métodos de forma inadecuada te llevará a la cárcel, si no a algo peor. Pero entender los límites y las profundidades del control humano te ayudará a reconocer cuando otros intentan controlarte.

Este libro te lleva a través de las más poderosas técnicas de psicología oscura que existen. Enseña todo lo que necesitas saber sobre persuasión, PNL, TCC, manipulación social, mensajes subliminales, guerra psicológica, lenguaje corporal y engaño.

No hay adornos, no hay relleno, y no hay tonterías. Lo expongo y doy ejemplos sólidos de cómo se utilizan estas técnicas. Destaco sus puntos fuertes y hablo de sus limitaciones y de cómo superarlas. Cada capítulo está lleno de métodos del mundo real para dominar cualquier situación.

Gracias.

Antes de que te vayas, sólo quería darte las gracias por comprar mi libro.

Podrías haber elegido entre docenas de otros libros sobre el mismo tema, pero te arriesgaste y elegiste este.

Así que, un ENORME agradecimiento a ti por conseguir este libro y por leer hasta el final.

Ahora quería pedirte un pequeño favor. **¿Podrías tomarte unos minutos para dejar una reseña de este libro?**

Esta retroalimentación me ayudará a seguir escribiendo el tipo de libros que te ayudarán a obtener los resultados que deseas. Así que si lo disfrutaste, por favor házmelo saber.

CPSIA information can be obtained
at www.ICGtesting.com
Printed in the USA
VHW060853090723
51832LV00004B/366